Musica, Cinema e Libertà

Anni 80'e 90'

FRANCESCO PRIMERANO

Dal mito di John Lennon alla caduta del muro di Berlino,
dalle glorie dei Duran Duran e Spandau Ballet ai successi dei Depeche Mode,
dal "Tempo delle mele"a"Thelma e Louise", dagli U2 ai Nirvana

Titolo | Musica, Cinema e Libertà - Anni 80 e 90
Autore | Francesco Primerano
Immagine di copertina |a cura dell'autore
ISBN | 978-88-91166-60-9

Youcanprint Self-Publishing
Via Roma, 73 - 73039 Tricase (LE) - Italy
www.youcanprint.it
info@youcanprint.it
Facebook: facebook.com/youcanprint.it
Twitter: twitter.com/youcanprintit

Alla Musica, al Cinema e alla Libertà nel loro splendore

Ai grandi protagonisti dei mitici anni 80'e 90'

Ai grandi valori e simboli che hanno lasciato un importante segno nella nostra Esistenza..

Le note e le pagine dedicate e rivolte ai mitici anni 80'e 90', dai colori più svariati, dalle forme e dai contenuti più invitanti, si aprono, si sfogliano, si leggono, si amano e poi si chiudono con la speranza e il desiderio di rileggerle nuovamente, con la stessa passione che si era presentata inizialmente.

Francesco Primerano

INDICE

INTRODUZIONE

Immagini di giovani spensierati e gioiosi che camminano per le vie della città e che osservano le meraviglie con sincero stupore, soddisfano l'eterna sostanza del loro piacere, cercando il sole oltre le finestre della loro anima e respirando i ricordi dell'infanzia: questi si possono ritenere esempi e testimonianze di storie raccontate in incantevoli film, in brani musicali, negli stili di vita, nelle varie mode e nelle splendide storie dei mitici anni 80'e 90'. Tutto ciò viene esaltato e reso magico dai favolosi mondi di popstars come Michael Jackson, Madonna e Cindy Lauper, da band di grande successo come Duran Duran, Spandau Ballet, A-ha e da gruppi musicali di valore come U2, Depeche Mode, R.E.M.

Non potevano mancare alcune perle del cinema cult e i telefilm di successo, da"Il tempo delle mele"a "Sapore di mare", da "Hazzard" a "Saranno famosi". Il tutto viene arricchito da eventi ed episodi che hanno cambiato un'epoca, dall'uccisione di John Lennon alla caduta del muro di Berlino, dalla tragica morte di Rino Gaetano alla prematura scomparsa di Kurt Cobain.

80
VOGLIA DI
90

IL SUONO DEI RICORDI

PRIMO CAPITOLO

Il gusto pieno degli Anni 80'e 90'

Nel grande spettacolo degli anni 80' e 90'si vivono infinite emozioni e tante esperienze che hanno cambiato la storia dell'umanità: chi rischia di scivolare sull'erba dei campi bagnati dal malessere, chi si fa travolgere dalle falsità e dalle ipocrisie, chi smarrisce i propri sensi, chi scova quei preziosi tasselli che mancano per completare i grandi puzzle della sua sudata gioventù, chi cerca di anticipare i tempi, chi riesce a sopravvivere alle sconfitte e chi urla al vento la sua dannata gioia di vivere tra le magiche note musicali ed artistiche di sempre. Gli atti di comune gentilezza che contrassegnano i giorni dell'esistenza e i gloriosi anni 80' e 90'sono i più graditi ai posteri: chi cammina su un arcobaleno e chi corre sul filo di una canzone pop o di un brano rock. Nel cammino vitale di quei tempi tanto amati, si utilizzano gli strumenti giusti con cui si può plasmare la gioia e la libertà nei singoli individui e nelle varie specie artistiche, si compiono e si vivono grandi progetti, grandi istituzioni, grandi emozioni e grandi cose. Tra gli impegni, i sacrifici, le tante difficoltà e gli episodi drammatici di quegli anni, si possono scovare l'uccisione di John Lennon, la liberazione delle donne, la lotta ad ogni forma di razzismo, la tragica morte di Rino Gaetano, l'educazione dei bambini alla pace e al rispetto, la sconfitta dell'odio e della povertà, la caduta del muro di Berlino, la prematura scomparsa di Kurt Cobain. Tutti eventi storici e simbolici che hanno cambiato un'epoca e obiettivi raggiungibili anche attraverso le gioie musicali, culturali ed artistiche di quegli anni. Il fragile inizio di una vita nuova e migliore si compie sempre dopo periodi pieni di luci e di ombre: chi prova spesso la gioia di compiere un atto gentile, chi respira e porta avanti validi ideali di libertà e chi distrugge tutto ciò che di più caro al mondo. *C'è chi si prodiga per il futuro e chi riesce ad esternare sequenze di piccole gentilezze che fanno bene alla vita di ogni singolo attimo. Il respiro dell'anima e l'adrenalina che scorrono nelle vene degli anni 80' e 90' fanno nascere straordinarie combinazioni di trionfi e di tragedie.* Nella giostra della vita, c'è chi vince sempre con la sincerità dei grandi gesti e chi rende più vive le proprie speranze costruendo l'albero della gioia con tanti fiori colorati che si nutrono di Arte, Musica, Cinema e Moda degli anni 80'e 90'.

SECONDO CAPITOLO

Sulle note dei mitici Anni 80'e 90'

Gocce di passione vitale, frammenti di pura onestà, un pizzico di fortuna, vere e proprie armonie nell'anima, sono alcuni degli ingredienti tipici per un piatto succulento di nome"Piacere della vita", che si può scovare seguendo le magiche vie degli anni 80'e 90'. L'arte dell'Anima, lo spettacolo dell'esistenza, i gioielli della terra, il regno del Cinema e delle Star, i successi e gli eccessi di alcuni miti, le meraviglie della natura, il tenero bacio di un bimbo che chiede affetto e le meraviglie della Musica sono le altre essenze per abbattere le barriere della falsità e dell'ipocrisia e per definire il gusto pieno di quei favolosi decenni.

Questi sono, inoltre, alcuni degli elementi che contraddistinguono i gusti, i piaceri, i sapori, le passioni, le delizie e le perle degli anni 80'e 90'.

Il fuoco delle doti artistiche dei Duran Duran & Spandau Ballet, le foto di Michael Jackson che bacia Madonna, le feste di Jovanotti dedicate a Vasco Rossi, i Queen sempre ai primi posti delle classifiche, sono tracce di una gioventù esaltante e verace, come le ali del nostro desiderio, che volano ed attraversano le strade del successo, catturando tutto ciò che può essere divorato in quegli anni: si può distribuire la propria allegria, scrutando tra i dettagli dell'anima, senza perdere di vista la missione di essere felici ed i mezzi per raggiungere la meta più alta. C'è chi coglie quei pezzi di gioventù da sognare e chi vive fino in fondo i momenti ideali per esplorare e leggere le poesie vitali di quei tempi. Le piccole e grandi frecce della gioventù che attraversano la vita, esponendo la bellezza al mondo, tra milioni di luci ed ombre, per le vie del centro e le strade dell'universo, hanno come unico e semplice obiettivo quello di nutrirsi di buon Cinema e di ottime note pop e rock. La forza dell'anima e le varie fonti di verità che osservano le stelle degli anni 80' e 90', sono capaci di trasformare il veleno in cristallo puro. La continua meraviglia di esistere e le varie strade in salita rappresentano il principio di quegli anni di gloria, esaltando i sorrisi della nostra esistenza. La chiave che apre la porta della felicità ed un sincero raggio di sole sono le aspirazioni più genuine a cui ambisce l'infinita ricchezza dell'anima di artisti come Michael Jackson e George Michael, Duran Duran e Spandau Ballet. Con il giusto segno del destino e con l'eterno gusto di giocare ci si può ritrovare nei 2 favolosi decenni, ottenendo il massimo dei risultati: vivendo in un mondo migliore, perseguendo la felicità come stile di vita, volando su soffici nuvole di gioia ed avendo l'abbraccio più forte di un amico sincero. Tutto ha un senso ed un sapore in quegli anni: raduni di vecchie glorie e dilettanti allo sbaraglio, dischi di valore comparsi negli scaffali dei negozi, brani cantati e suonati in versione elettronica e pop-country. Conoscere i propri limiti rappresenta il modo più semplice per trovare la felicità più pura: vita e sogni come storie di un film targato anni 80'e 90', tra speranze e ricordi di una gioventù sempre in agguato. "Il tempo delle mele", "Ghostbusters", "Flashdance", "Thelma e Louise, "Guardia del corpo", sono alcuni esempi del cinema cult che ha fatto sognare i giovani dell'epoca. Nei cieli dei mitici anni 80'e 90' si scovano capacità artistiche di suoni che inondano la mente di chi li ascolta: si notano tra i vari fan di Madonna & Cindy Lauper, gli sguardi ammiccanti di soggetti adorabili e bolle di sapone che volano sui loro volti. Godersi i frutti del lavoro artistico di Prince & Michael

Jackson ha permesso di navigare sempre sulla cresta dell'onda, riscuotendo successi in relazioni di ogni tipo, per soddisfare esigenze culturali e per avere una speciale affinità con tutto l'universo. C'è chi vuol semplicemente sottolineare la spettacolarità dell'evento e chi spera di ottenere il successo sperato. Energie vitali e grinte disarmanti, rari talenti e speciali doti contraddistinguono personaggi e artisti come Cindy Lauper, Annie Lennox, Barbra Streisand, Laura Branigan e Jennifer Rush. Chi riesce a cogliere con grande stile la sostanza della musica pop anni 80'nella sua pienezza e chi si tuffa sulle note rock anni 90'. L'essenza vitale dei Duran Duran è disarmante al punto tale da non temere gli altri gruppi in voga in quegli anni come

Spandau Ballet, A-ha, Eurythmics, Tears for Fears e Roxette. C'è chi abbraccia le qualità artistiche di Michael Jackson, Boy George,

Prince e George Michael, chi gusta con piacere le performance di Madonna e Grace Jones, chi accoglie a piene mani le note musicali degli U2 e chi straccia il manifesto del Papa come Seaned o'Connor. Si può sostenere con grande entusiasmo che il nostro fantastico passato musicale e cinematografico è stato siglato in maniera esemplare da questi decenni di grande valore. Il tempo da vivere con amici preziosi cammina lungo il mare della memoria, cogliendo potere e bellezza della gioventù: esplorando i successi dei Depeche Mode e

Ultravox, aprendo le finestre della gioia, seguendo le storie di "Hazzard"o di "Saranno famosi", ascoltando la musica dei Talking heads o Smith, tifando per Dallas o Dinasty, giocando sotto l'arancio in fiore e tuffandosi sulle note di Diana Ross o Donna Summer, artiste che si seppero imporre già verso la fine degli anni 70'.

JOVANOTTI
E QUI
LA
FESTA?

TERZO CAPITOLO

C'è aria di festa e libertà
negli Anni 80' e 90'

Musiche geniali, spettacoli coinvolgenti e magiche atmosfere in cui sono stati creati i migliori brani di tutti i tempi, sono altri ingredienti tipici di quegli anni ruggenti. Brani che lasciano il segno e che affascinano numerosi fan ed appassionati di musica sono la vera forza di quel periodo, divenendo nel tempo i veri simboli di quei decenni e riuscendo ad imporsi anche negli anni successivi come colonne portanti di altre generazioni. C'è chi prova ad infilarsi nel loro mondo e nelle loro canzoni e chi sfugge dalla monotonia quotidiana per abbracciare qualcosa di più vitale e diverso. La vera luce degli anni 80'e 90' non scompare del tutto negli anni 2000, anzi si fa sentire più che mai con programmi specifici e concerti in loro onore. C'è chi confonde l'orgoglio con la vanità e chi vive magiche esperienze sulle onde dell'epoca. Chi scova i momenti migliori per sfondare e chi desidera trascorrere qualche attimo di serenità sulle note di Tozzi, Raf, Vasco, Stadio o Zucchero.

Si ricordano leggendarie atmosfere in zone privilegiate e specialità di ogni tipo assaporate dai paninari di quegli anni: ci sono giovani che fanno caprioli sulla spiaggia ed altri che cantano un brano degli U2 sulla riva del fiume. Chi fa luogo al sorriso bonario e chi riesce a trascorrere delle magnifiche ore su dei prati fioriti, ascoltando le delizie di quel tempo sublime. Chi preferisce fare quattro passi nel cuore di Roma o di Parigi e chi presta attenzione alle piccole cose reggendo l'intera umanità. C'è chi si limita ad allontanare le persone sbagliate dalla propria vita, chi è impegnato ad inseguire il successo e chi viene folgorato dall'umiltà facendone un proprio stile di vita. C'è chi subisce delle ingiustizie e chi trova giusto tuffarsi sulle note della vita targata anni 80'e 90'. C'è chi assapora le delizie del decennio più amato del secolo (anni 80') e chi guarda ad un futuro ricco di sorprese. C'è chi si guarda accanto e individua i veri amici e chi si tuffa nella mischia senza trovare niente di buono. Chi sprofonda nella meditazione dell'essere e chi ritrova se stesso aprendosi agli altri, chi non si fa coinvolgere dal nulla e chi vive del giudizio altrui per esistere a tutti i costi. Gli atti di valore che il popolo degli anni 80'riesce a dimostrare, rimangono impressi nelle menti di ognuno di noi. Si decide in base alla presenza di un maggior numero di elementi creativi: c'è chi non si aspetta nulla dal futuro, chi è sempre pieno di gratitudine anche per qualcosa di modesto e chi cerca autografi da tutto il mondo. C'è chi vive sulle onde della gioventù senza turbare la pace dei vent'anni e chi colleziona poster con immagini di un'epoca che sarà sempre ricordata con nostalgia ed affetto: immemorabili stagioni, nuove generazioni in fuoco, piacevoli tuffi in leggendari ricordi, stanze e strade che ritornano nella mente come sublimi percorsi dell'anima.

QUARTO CAPITOLO

Le anime degli Anni 80'e 90' sorridono alla vita

L'atmosfera di quegli anni si presenta ancora con un sapore particolare: chi vede l'adorata eternità in tutte le cose, chi scrive poesie che inducono latte d'amore, chi versa lacrime sospese in sentieri impraticabili e chi guarda dentro l'anima di giovani alla ricerca del loro io. In quei decenni davvero speciali si trova il paradiso nelle piccole e fragili cose: chi canta canzoni ovunque e chi scova tanta passione nei propri cuori e nei sorrisi altrui. S'intravede la voglia di esserci e di emergere, s'intravedono sguardi pieni di significato e venticelli profumati in un vortice di felicità: chi desidera risplendere ogni giorno e chi fa del sorriso la sua grande forza.

Il semplice suono delle band fa ritornare la gioia nei cuori ribelli di paninari in azione: chi agisce prima del tempo e chi non si fa sfuggire l'occasione di una vita. Chi scova nel profondo del cuore le sue grandi idee musicali e chi condivide i propri corpi con le anime altrui. C'è chi cerca di tirar fuori il magico da ogni piccola canzone e chi si sente confuso come un bimbo appena nato. Chi pensa più di quanto voglia pensare e chi ama gli anni 80'più di quanto voglia amare gli anni 70'. Si vedono i pavimenti dell'anima bagnati dalla mente geniale di gruppi musicali nati in quegli anni di gloria e si gustano fuochi che bruciano senza controllo. Questo è il favoloso mondo degli anni 80'e 90'!? dove le nuove generazioni esultano e *viaggiano su meravigliosi oceani di avventura e divertimento e sulle note poetiche di artisti come U2, The Police, R.E.M. e Nirvana!?* Un sorriso sempre radioso porta sempre a grandi risultati nella Musica di quei tempi, se le energie vitali vengono spese con una sana curiosità in una sorprendente attività sociale. C'è chi prova delle sensazioni uniche di libertà, chi si tuffa sulle attraenti note di Depeche Mode, Soft Cell o New Order e chi si ritrova in tragiche e reali vicende legate alla storia di quei tempi. I luoghi della mente e del cuore riescono a fare dei meravigliosi viaggi in quei deliziosi decenni, dove tutto costa tanti sorrisi ed un sorso di follia. La moda continua a cambiare ed è sempre più difficile identificare i vari stili. L'incanto della cultura anni 80'sorprende tutti nelle sue grandi qualità : risvegli dello spirito, sensi di pace, menti serene e vere gocce di felicità. Chi preferisce vivere respirando cultura, cinema e musica anni 80' e chi si perde nel nulla di una notte balorda cantando un brano dei Radiohead, Nirvana o Skunk Anansie, geniali esempi degli anni 90'. Soggetti viziosi, affamati, pieni di talento che si amano alla follia: tutti, pieni di vitalità e di grandi prospettive, tutti insieme in un grande circo, nel grande spettacolo degli anni 80'e 90'. Si presentano così i due fantastici decenni: la gioia di compiere un atto gentile, le energie della passione musicale trasmesse dai Duran Duran e Spandau Ballet, il profumo della felicità che cade come gocce sulla pelle di grandi artisti come Kurt Cobain e Axl Rose, aperte vedute verso grandi sogni e nuove conquiste musicali. La vita di quegli anni ha un modo straordinario di rispondere ai grandi desideri di tutti. Atti di comune gentilezza contrassegnano quei tempi: passeggiate sull'erba a piedi nudi, il risveglio delle energie vitali e tanta voglia di esistere. Molti giovani nutrono la ferma determinazione di fare carriera nel mondo dello spettacolo e soltanto alcuni di loro riescono a farcela. La felicità non va ricercata nel cielo sereno, ma nelle piccole cose quotidiane: chi fa dei lunghi viaggi nel mondo della musica, chi guarda con rammarico i tramonti della propria carriera e chi vive intensamente ogni minuto della sua esistenza. A questi indimenticabili piaceri della vita si aggiungono le sublimi sensazioni di gente che vale e suoni originali di band musicali come Talk Talk, Ultravox, Soft Cell, A-ah e New order. Poi si vedono fans che sbirciano dai vetri, autografi sulle copertine dei dischi e tanta voglia di emergere. C'è qualcosa che non ha bisogno di molte spiegazioni in quegli anni: analisi musicali e discografiche, tanti capolavori che hanno dato un segno alla storia della musica e dell'arte, commenti incoraggianti e suggerimenti sonori di ogni tipo, una serie infinita di vibrazioni e voci che hanno colto il segno, frammenti di opere senza tempo e movimenti pacifisti. Carriere artistiche che hanno avuto una certa originalità vedono emergere delle protagoniste di quei tempi come Whitney Houston, Bonnie Tyler, Tracy Chapman, Kate Bush, Janet Jackson, Gianna Nannini e Loredana Bertè; la loro adolescenza trova nella musica il segno del loro conflitto con la vita e insieme la loro vera chance. Si ripercorrono i loro cammini, le loro vite in salita, le loro popolarità ed i loro profitti. Gli eventi musicali ed artistici di ogni tipo sono cresciuti a dismisura e si assiste a processi di composizione di tanti capolavori: concerti e spettacoli che hanno fatto la storia della musica targata anni 80'e 90'. L'introduzione dei cd e dei video musicali nel commercio mondiale e nei vari palinsesti rappresenta una boccata d'ossigeno per l'industria della musica. Si ricorda il Live

Aid 1985 in due posti molto significativi come Wembley Stadium di Londra e il JFK Stadium di Philadelphia. Con lo skateboard si decolla dall'estremità di una pista all'altra, mentre la vita degli artisti scorre nel migliore dei modi. Grace Jones, Debbie Harry, Bonnie Tyler sono alcune artiste musicali di un tempo tanto glorioso: interpretazioni indimenticabili che hanno segnato ogni linea artistica da scovare nel cuore delle città e che permettono di afferrare alcuni pezzi di cielo.

Ci sono temi profondi e sublimi che vengono trattati e diffusi nei brani di quel periodo: c'è bisogno di un'occhiata in più per vedere le piaghe dell'anima, c'è la fiamma della passione che si diffonde più veloce nella brezza dei nostri pensieri, ci sono percorsi di libertà che risultano vicini alla felicità dei nostri sogni. Nel giardino dell'eccentricità si presentano le vere star del firmamento pop, senza mai perdere le caratteristiche migliori di talenti senza tempo. Si pongono nuove frontiere ed ogni nuovo disco introduce una nuova sfaccettatura della realtà giovanile. C'è chi vola sulle ali della felicità ascoltando pensieri e parole che hanno lasciato un segno indelebile nel mondo e c'è chi tira fuori dall'armadio musicale pezzi storici di coloro che hanno cambiato la storia dei due decenni. Si nota il desiderio di ingoiare la gente, la voglia di nutrirsi dello sguardo altrui, le visioni speciali di celebri personaggi, le ultime gocce di sangue che salvano il

Rock'n'Roll come Guns n'Roses e Nirvana, l'abbondanza di beni materiali e tutto ciò che risulta vitale e positivo.

Memorie degli
Anni 80'e90'

QUINTO CAPITOLO

Emozioni e piaceri Anni 80' e 90'

Ogni minuto degli anni 80' e 90'è da considerarsi il più bello, il più vero, il più artistico, il più vivo di altri. S'intravede finalmente qualche raggio di luce che mostra la vita come una sorta di magia che travolge positivamente gli animi della nostra arte, l'arte che ha contraddistinto quei mitici anni. C'è chi implora il domani, c'è chi in strada danza, intonando un brano di Michael Jackson o di Madonna e chi si mette in mostra per rubare tutte le luci della ribalta.

Soffia un vento nuovo: la speranza ha morbide piume e vive nell'anima di chi ha amato gli anni 80' e di chi ha sognato gli anni 90'. Gli atti di valore vengono esposti con grande dignità e dimostrano la chiara consapevolezza dei successi dell'epoca. La personalità di quegli anni consiste nel resistere a tanta ingiustizia e scovare energie positive da dischi con sezioni ritmiche impeccabili. Le varie sequenze dei due decenni vengono simboleggiate dalle introspettive di artisti di grande valore, da rappresentazioni efficaci di immagini senza tempo: lavori di ricerca minuziosi e documenti di grande interesse per chi voglia capire cosa si cela dietro il successo di quel tempo. Risulta piacevole correre veloce lungo la sabbia bagnata dalla pioggia musicale di quegli anni : c'è chi alimenta l'orgoglio e c'è chi unisce basi ritmiche a suoni asciutti e chiusi dei dischi anni 70'. Duran Duran,

Spandau Ballet, Depeche Mode, U2, Ah-ha conquistano l'ambiente musicale mondiale con musiche ed immagini che hanno fatto la storia.

Si notano strade infuocate e cancelli dorati in un un mondo stellato fatto di grandi desideri: esseri felici e liberi come cavalli per sentire finalmente qualcosa di magico nell'aria e per salvare la propria anima.

Si apprezzano anima e cuore di Artisti che in quei decenni erano ai primi posti nelle classifiche e sempre al centro dell'attenzione mediatica e si vive una grande passione per Arte, Musica e Cinema. C'è chi desidera intraprendere qualsiasi attività o realizzare un sogno, chi sfrutta la dinamica vena creativa e le diverse capacità artistiche per emergere nel caos dello spettacolo e chi si fa accompagnare da forti dosi di fortuna per poter sfondare. Il sorriso dei giovani dona sollievo e rende felice il cuore, arricchendo la mente di chi lo riceve e di chi lo regala: chi coglie il sapore e l'odore della vita che gli permette di trovare la giusta via negli sterminati sentieri degli anni 80'e 90'e chi risponde all'ignoranza con il suo invitante sorriso, chi affronta le pene con tanta allegria e chi vola verso nuove ed allettanti conquiste sulle note di Kurt Cobain e Axl Rose. La luce del sole e lo specchio della vita indossano le ali del destino, come anime in festa, raggiungendo la purezza infinita di artisti che valgono sempre. La saggezza dell'anima risulta più efficace di qualsiasi altro gesto e rappresenta l'elemento speciale che svela i segreti del cuore con fiamme d'amore e di speranze. Lingue di fuoco e sinfonie di colori inebriano le anime più pure con fiducia ed umanità: sono messaggi di gloria infinita come teneri baci di bimbi, tra sognanti ricordi anni 80'e 90'. Nei sentieri di quegli anni si accende il fuoco delle passioni, sfiorando tracce di vita ed arcobaleni gloriosi: l'inno della gioia e le energie visibili di vita sono fonti di saggezza, speranza e di grande vivacità per coloro che ascoltano i successi di Depeche Mode e Ultravox e per chi danza sulle note di Madonna e Cindy Lauper.

SESTO CAPITOLO

Colori, odori e sapori Anni 80' e 90'

Il senso profondo della gioia e lo sviluppo interiore dell'anima attivano speranze di mondi colorati, stimoli esterni e valorosi, pensieri e punti di vista di artisti che valgono sempre come Michael Jackson, Prince, Sting, Elton John e George Michael. I profumi, i colori ed i suoni dell'epoca permettono di raggiungere l'arte della pace, l'essenza dei desideri e le opere di R.E.M, The Police e U2, che si compiono nell'arco di due decenni pieni di sorprese. In quei caldi e sorprendenti anni di gloria, i giovani paninari e le ragazze punk pensano e sperano vivamente di essere al centro del mondo, ma non riescono a capire quanto la musica geniale di quel periodo fosse al centro dei loro pensieri. Hanno bisogno di stupirsi per colmare un vuoto, ma lo stupore per la Musica targata anni 80'non è mai abbastanza per potersi sinceramente riempire. I ragazzi dell'epoca preferiscono riempirsi di energia positiva, nutrendosi di rari pezzi di musica punk e dark e sorseggiando gocce di sound elettronico, facendosi sorprendere dall'arte in tutte le sue sfumature ed in tutti i suoi colori. Con i successi dell'epoca si vivono nuovi risvegli e favolosi mattini, tuffandosi su maestosi mari di allegria, stupore e divertimento e stabilendo un nuovo inizio su vecchie glorie musicali: chi non riesce a guidare il proprio cuore lontano da sé e chi si specchia nel nulla delle noie e delle ansie altrui. C'è chi mostra la propria innocenza e chi si sfoggia in contorni equilibrati e leggeri come se fosse una piuma. Si respirano sani principi, spiriti liberi ed arie fresche che sposano le nuove generazioni: chi cerca di salvare la propria anima e chi balla fuori dall'oceano della noia per ritrovarsi abbracciato alla vita delle persone giuste e valorose. Chi si fa tatuare nelle vene vaccini di gioia, chi lascia che il sole scenda sulla sua anima e chi si fa travolgere dalle gioie del tempo. Chi porta avanti la trasgressione, l'eccentricità e la diversità come piacevoli e personali stili di vita da apprezzare come preziose perle del proprio io e chi raggiunge eccellenti risultati in tutto ciò che riesce a creare. Si vedono bimbi che cominciano a camminare tra le vie del bene e del male e curiose figure che si presentano vivaci tra le vicende di quei tempi, come se fossero soggetti attraenti da seguire e da elogiare.

C'è chi vuol aprire le porte alla felicità degli anni 80'e chi sigilla sempre le finestre degli anni 90'per non far passare la luce della noia.

Chi ha la gioia di compiere atti gentili ed imprese artistiche di rilievo e chi riesce a domare i venti, le onde, le correnti e le gravità della vita. Chi nasconde le proprie paure per salvarsi la faccia e chi esterna gesti sinceri per bruciare le menzogne altrui, chi si nutre di musica pop anni 80'per salvarsi dalle cattiverie e chi dona i suoi gentili sguardi alla meraviglia del sole anni 90'. Desideri e speranze inondano i pensieri di giovani anime, mentre respiri di vita e di sole si alzano in un vasto cielo rosso fiammante: le grandi stelle che percorrono il cammino di quegli anni sentono il fuoco che brucia l'anima, respirando l'illusione della primavera e le gocce di profumo sulla pelle. C'è chi vola sulle note dell'anima, tra baci appassionati e vitamine dell'essere, chi riscopre gente vera e chi si occupa di questioni che tutti vivono fino in fondo. Chi ha sguardi vivaci e sinceri verso Arte, Musica e Cinema del tempo, chi risolve misteri senza nome e chi scova immagini senza volto, percorrendo stanze luminose e strade infinite verso l'orizzonte. Chi fa dei lunghi viaggi su mari di grande creatività e chi riesce a superare muri di fango, diffondendo gocce d'argilla e di luce. C'è chi attraversa le maree del paradiso vivendo incantevoli sogni Rock come giovani sorridenti verso l'eternità, chi cerca di sollevare l'anima al cielo e chi riesce a comprendere la realtà di quegli anni, rinascendo più volte al giorno. Lo specchio della vita e la scelta dell'anima cadono sulla saggezza del nostro vissuto in armoniche ed infinite stagioni. Nella lunga strada degli anni 80' e 90', i nèttari più preziosi della volontà artistica perseguono sempre quei traguardi raggiunti con gloria e coraggio.

In ogni Star della musica e del Cinema si notano delle notevoli doti: la creatività artistica e quella letteraria sono strettamente legate dal loro estro senza controllo. Ogni goccia del destino bacia le coscienze di artisti in difficoltà, perché rappresentano le vere anime della voglia di farcela sempre. Chi abbandona le città per viaggiare senza una meta e chi sceglie spesso la strada dei grandi sogni Rock, respingendo quella dei piccoli tormenti. Gli amanti della pace e della fratellanza sono gli unici ad avere la meglio sui grandi precursori delle battaglie di poco conto, perché ritrovano nella serenità l'essenza della vita, della Musica e del Cinema. Si possono scorgere con grande sorpresa le magie di alcuni luoghi senza nome, soltanto se le loro emozioni sono all'altezza dei loro sogni musicali. Gli artisti in cerca del successo spietato e ingiusto sono i primi ad esserne inghiottiti senza grandi risultati: chi raccoglie i bisogni di intere comunità artistiche e chi li spreca senza alcuno scrupolo. Magiche atmosfere di incantevoli posti da ammirare e da lodare sono sempre le mete di coloro che sanno sognare musica e cinema ad occhi aperti. Ci sono giovani band che si scatenato tanto per conquistare un briciolo di notorietà, ma non risultano mai all'altezza di icone rock che hanno lasciato un segno indelebile e ce ne sono altre con talenti e capacità insuperabili. Chi canta i primi passeri di primavera in fondo al cuore di magnifici posti e chi corre verso il mare della gioia. L'ombra del pop si allunga mentre il sole sprofonda nel mare del rock per dar luce alle emozioni di una nuova vita. La tempesta che si scatena negli occhi di un bimbo acquista sfumature di blue e di rosso che abbracciano il cuore e l'anima di chi veramente vale nei mitici anni 80'e 90': c'è chi cerca continuamente gradevoli tassi di gioia, chi vive in mondi sommersi dalla noia e chi ascolta buona musica per essere colpito dalle influenze positive di quei tempi.

Le note e le pagine dedicate e rivolte ai mitici anni 80'e 90', dai colori più svariati, dalle forme e dai contenuti più invitanti, si aprono, si sfogliano, si leggono, si amano e poi si chiudono con la speranza e il desiderio di rileggerle nuovamente, con la stessa passione che si era presentata inizialmente.

Francesco Primerano